AF554609

DISCOURS

SUR

L'ORGANISATION DU TRAVAIL,

PRONONCÉ

Par le Citoyen B. DUREAU.

Cet ouvrage se vend au bénéfice des ouvriers sans travail.

NANTES,

IMPRIMERIE DE M.me V.e CAMILLE MELLINET.

1848.

DISCOURS

SUR

L'ORGANISATION DU TRAVAIL,

Prononcé par le Citoyen B. DUREAU,

AU CLUB DE LA PHALANGE RÉPUBLICAINE,

LE 20 AVRIL 1848.

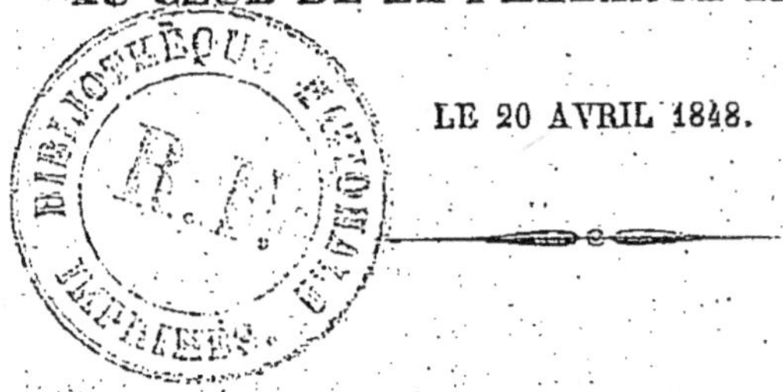

Citoyens,

La Révolution de Février a été une surprise de la liberté; et, le lendemain même, ceux-là qu'elle renversait, ceux-là qu'elle élevait, pouvaient à peine y croire. Il y a six semaines, qui eût pu penser qu'à cette libre tribune on vous exposerait vos droits, et que vous seriez là sur ces gradins pour apprendre à les exercer? Ces droits, ils étaient dans la conscience de vos défenseurs, ils se formulaient dans leurs actes, ils vivaient mystérieusement dans leur cœur; mais, au-delà, rien qu'une vague espérance d'un côté, un espoir instinctif de l'autre. La pensée de l'affranchissement n'était qu'une lueur vacillante prête à s'éteindre; l'image de la liberté, comme la colombe sortie de l'Arche, ne trouvait aucun asile en dehors du cœur humain !

Les penseurs commençaient à perdre courage; mais le peuple avait l'instinct de son prochain triomphe, et c'est dans cet instinct que ses défenseurs ont puisé de nouvelles forces, lorsque est venu le jour du combat. De quoi s'agissait-il, le premier jour? Du droit de se réunir et d'exprimer librement sa pensée ; le second jour, on demanda le renversement du ministère. La colère du peuple montait toujours ; elle s'éleva à des proportions sublimes, après le lâche massacre du boulevard des Capucines : un ministère ne lui suffisait plus. On lui offrit un enfant sous la régence d'une femme; il était trop tard : le peuple demandait la République. Eh bien, je dis que c'est la colère croissante du peuple qui amena le flot républicain sur le Carrousel et jusqu'au pied de la tribune de la Chambre. Le flot populaire poussa bien des hommes, mais qui poussait ce flot? Dieu lui-même. Voilà ce qui rend notre Révolution si belle, les hommes qui l'ont faite si grands. C'est d'eux qu'on peut dire ce que l'on a dit de ces fils de la Terre qui puisaient une force nouvelle chaque fois qu'ils touchaient leur mère. Oui, les défenseurs du peuple sont d'autant plus forts qu'ils le touchent davantage.

Ceux-là seuls qui se sont faits peuple dans leur esprit et leurs espérances, ceux-là seuls triompheront, ou périront avec lui. Le peuple a fait la Révolution, c'est à lui à en semer partout l'esprit et les germes; germes puissants qui féconderont l'humanité et feront de la France l'oasis de la Liberté. Le peuple, dis-je, a fait la Révolution et créé la République, vierge armée et frémissante. Qu'elle soit vierge toujours, qu'elle ne soit armée que pour la paix, l'ordre et le travail; qu'elle soit l'étoile de tous ceux qui gémissent encore dans l'asservissement au-delà de nos frontières; que son image resplendisse partout, dans les temples, dans les ateliers, dans les écoles et au foyer domestique, où grandit une génération pour la maintenir, la perpétuer et la défendre.

La République a été la rédemption la plus inattendue; et c'est là ce qui lui donne un caractère divin, religieux, sacré. Je l'ai dit, je le répète et j'en prends la France à témoin, qui pouvait s'attendre sitôt à la Révolution qui vient de s'accomplir ? Nous formions tous mille projets; et, le désespoir au cœur, les uns parlaient d'exil, les autres se disposaient à subir le joug. Les uns, dis-je, rêvaient une patrie idéale au-delà de l'Atlantique, dans ces libres champs que la main de l'homme n'a pas fouillés encore. Ils rêvaient une patrie qui fût encore la France, une nouvelle France sur un sol de liberté. Eh bien, un souffle du peuple fit évanouir toutes ces pensées d'ostracisme, tous ces projets du scepticisme et du désespoir. La France de nos pères, la nôtre, la France de l'humanité, se leva frémissante au-dessus des barricades; et ce peuple qui avait tant souffert et porté sa croix pendant 18 ans, ce peuple sur lequel personne n'osait compter, nous rendit la patrie en se donnant à elle!

N'allez donc plus chercher une France au-delà des mers; n'allez donc plus chercher une France légale dans le périmètre des parcs, des palais ou des fabriques : car, la France, elle est dans le cœur, dans l'âme, dans la volonté du peuple, là où personne ne la supposait. Cette France de la pensée, de la tradition, du cœur, le peuple nous l'a rendue en s'immolant pour elle sur les autels; et ces autels, ce furent les 6000 barricades de Février!

C'est le peuple qui a fait la Révolution, et il l'a faite avec un ensemble, une spontanéité, un dévouement admirable. J'ai vu les traces de cette électricité physique et morale qui circule dans les masses les jours de révolution, et dont Paris est l'éternel foyer. J'ai vu les traces de la colère du peuple, et je m'en souviendrai toute ma vie. Des rues entières dépavées, des charrettes renversées, des tonneaux amoncelés, des grilles de fer tordues, des blocs de pierre arrachés aux trottoirs et servant de base à des barricades s'élevant jusqu'au premier étage, et crénelées comme des murs de forteresse; derrière ces barricades le peuple, dans la main de ce peuple le drapeau, les armes, le salut et la liberté de la France. Toute une nuit, la France, dans l'âme de ce peuple armé, campa derrière les barricades. Le lendemain, on lisait sur les monuments, les églises et jusque sur les corps-de-garde où logeaient les prétoriens de la veille : *Liberté, Égalité, Fraternité.* Le peuple gardait le palais des Tuileries, et sur les murs de ce palais on voyait inscrit : *Hospice pour les invalides de l'industrie......* O! noble peuple! j'ai vu les traces de ta colère, mais je n'ai point vu celles de ta vengeance. Le trône des tyrans, tu le brûles sur la Bastille; et dans le palais où se forgèrent tant de fers pour les travailleurs, les travailleurs ne demandent pour toute vengeance qu'un asile pour leurs vieux pères!

Ce seul acte de la volonté souveraine du peuple caractérise la Révolution qui vient de s'accomplir. Or, cette Révolution n'a point pour but un déplacement d'hommes, une destitution de fonctionnaires, ni un vain changement dans la forme politique. Elle va plus loin, elle descend plus bas; elle s'arrête dans l'âme du peuple, elle se repose enfin dans la crèche où vagit l'enfant du pauvre, déshérité, souffrant, abandonné. Le Christ est né dans une étable, la Révolution est née dans la rue. Cette analogie dit tout ce que la République doit être, tout ce qu'elle laisse espérer, tout ce qu'elle est obligée de faire pour ne pas mentir à son origine.

La Révolution a renversé l'obstacle, la monarchie; la digue qui contenait la pensée bouillonnante, est levée; le grand fleuve de la démocratie roule ses eaux rapides, claires et profondes. Que ce fleuve nettoie les écuries d'Augias, qu'il purifie le sol où germent encore la corruption et l'égoïsme. Il faut que la République descende dans les institutions sociales, et que ces institutions nous rendent libres et unis dans les idées et dans les choses. Je vois la liberté sur la place publique, je la vois dans les clubs; je ne la vois pas encore dans les ateliers, c'est-à-dire partout où s'exerce l'activité humaine. A l'œuvre donc! Le fusil sur l'épaule, vous avez fait une Révolution; votre droit à la main, il faut en accomplir une autre. La pensée est affranchie, il faut que les bras soient libres et que partout on respire l'air de la liberté. Je vois les tables du banquet; mais bien des places sont vides, bien des convives sont absents. Place à tous; car ceux qui n'y sont pas encore, ont payé de leur sang, de leur misère, de leurs larmes, le droit d'y être.

La République étant donnée, acceptée par tous, sanctionnée par les suffrages de la Nation, comment l'organiser? Je vois dans la République 35 millions de citoyens jouissant des mêmes droits politiques, mais ne jouissant pas, à beaucoup près, des mêmes droits sociaux. Le droit politique se confère par la victoire, s'exerce par la loi. Comment s'exercera le droit social? Comment disparaîtront les obstacles qui en arrêtent l'exercice? Le niveau de l'égalité passera-t-il sur les faits accomplis, et, s'il les respecte dans leurs priviléges, que sera la fraternité, sinon une image; image sainte, mais impuissante?

Je m'explique. Si nous descendons dans le champ du travail, nous y voyons tous les producteurs renfermés dans un cercle fatal, celui de la concurrence; cercle de l'égoïsme, de l'individualité. Je dis que si le peuple reste enfermé dans ce cercle, la République ne sera pour lui qu'un rêve, c'est-à-dire la jouissance fictive d'un objet qu'on désire et qu'on ne peut atteindre. Je dis que le maintien du principe de la concurrence est incompatible avec le maintien de la République, et que l'un doit tuer l'autre. Dans la République, tous les citoyens sont égaux; je demande si cette égalité règne dans les ateliers, et si, à la porte, maîtres et ouvriers ne déposent pas leur titre de frères? Je n'accuse personne, mais je dis ce qui est. Ce qui est, c'est l'antagonisme, ou plutôt la guerre entre tous les producteurs. Ce qui règne dans les ateliers, ce n'est point la République, c'est le despotisme du capital. Ah! il est temps que cette lutte cesse et que le Pouvoir intervienne. Il est temps que la République descende dans ces ateliers témoins de tant de souffrances; qu'elle visite l'ouvrier à son métier, à son étau, à son établi, comme elle visite le pauvre à sa crèche; qu'elle proclame le droit de vivre, en même temps que l'obligation de travailler. Le travail est un devoir; mais, citoyens,...... si l'accomplissement de ce devoir vous empêchait de vivre, si ce devoir usait encore vos forces, votre santé, votre intelligence, ce devoir ne serait plus qu'une odieuse tyrannie qu'il faudrait, comme toutes les tyrannies, envoyer sur la route de Cherbourg ou du Tréport.

Je m'explique. Le mal existait dans le corps politique. Le système constitutionnel était une dérision gouvernementale qui concentrait le Pouvoir fictif des mandataires du cens entre les mains de quelques intrigants, qui eux-mêmes le déposaient à l'envi au pied du trône. La Nation n'était pas représentée; elle était en laisse, en tutelle, en état de minorité. Il y avait dans cette forme politique un vice radical qui gangrenait toute la société. Cette forme n'est plus; et, semblable à ces momies peintes qui une fois brisées ne laissent plus voir que la poussière de la mort, elle met à nu toute la corruption sociale. Il serait dangereux de s'abuser et de fermer les yeux plus longtemps sur la plaie. Cette plaie, elle est horrible, elle est profonde, elle est dangereuse. Ayons donc le courage de la sonder, afin d'avoir l'énergie de la guérir.

La République accepte la situation; elle endosse le mal, un mal dont elle a combattu le principe avant d'être, c'est-à-dire lorsqu'elle portait hardiment derrière la censure, le cautionnement et le timbre, la hache dont le peuple devait s'armer un jour. La République accepte la situation, et quelle était cette situation? Le désordre dans l'Administration politique, la corruption dans le monde officiel, le culte des intérêts partout. La Convention mettait la vertu à l'ordre du jour; que parliez-vous de vertu, quand les écus étaient dans la balance? Aussi le Système faisait-il insulter la Convention à la tribune... Dépenser le Budget, dilapider nos finances, pressurer les contribuables, exploiter le peuple par les traitants, les sous-traitants, leurs intendants et les valets de leurs intendants, tel était l'esprit du Système. Il est impossible de regarder sans frémir l'abîme dans lequel son maintien nous eût conduits. La ruine, la banqueroute et la misère étaient au fond. Oui, j'en prends à témoin la France entière, son peuple était divisé en deux catégories: ceux qui aujourd'hui se font appeler citoyens, et qui alors étaient fiers du titre de gentilshommes; et ceux qui, comme le Christ, s'affaissaient à chaque pas sous le poids du travail et se courbent encore sous l'étreinte de la misère. Le fardeau était devenu tel, que chaque station était une chute, c'est-à-dire une ruine, un désespoir, une maladie; et la misère devenait telle, que le peuple aurait pu dire à ses orgueilleux maîtres: Vous tremblez au nom de la Convention, vous avez peur des sans-culottes de 93. Eh! Messieurs, il n'y aurait pas de sans-culottes, si tout le monde avait de l'argent pour en acheter!

C'est une triste réalité, citoyens, des millions de créatures humaines sont en peine de la nourriture, du vêtement et du logement, et ne demandent, tant elles sont malheureuses, qu'un droit, le droit de vivre. Je voudrais bien savoir au nom de quel grand intérêt, de quel système, de quelle philosophie, on a toléré si longtemps une si odieuse expropriation? A Athènes, on frappait d'ostracisme, on mettait hors la loi les citoyens assez grands pour porter ombrage à ce qu'ils appelaient une république. En France, on suivit le même exemple; on tint le peuple à l'écart, parce qu'on avait peur de lui, ou plutôt, disons la vérité: parce que la majesté souveraine de la Nation écrase d'un seul de ses rayons ces intrigants de salon et de tribune qui se dirent si longtemps la tête de la France, et qui n'en étaient que le fiel!

La Révolution, vierge sainte, les a écrasés sous son talon. Qu'il n'en soit plus question, et que le peuple, dont ils tenaient la place, se mette à l'œuvre à son tour. En proclamant la République, il a proclamé tous les principes qui émanent de la forme républicaine. Le premier, c'est le droit de vivre. Le droit de vivre, c'est le droit au travail. Le travail est donc un des modes d'exercice de la souveraineté du peuple. Donc, il faut organiser le travail. Dans une société qui ne vit que par le travail, c'est l'organisation de la société tout entière. Vaste problème! Les anciens, dont on vante tant les institutions, n'ont jamais eu l'embarras d'un pareil problème. Chez eux, le travail s'exerçait par des esclaves, sous la gérance des artisans et le patronage des classes supérieures. L'esclave était en dehors de la cité; donc le travail était hors la loi, et le mépris pour le travail découlait nécessairement de l'avilissement de ceux qui l'exerçaient. Aujourd'hui, le travail s'exerce par tous, il est l'at-

tribut de tout homme libre, il est le devoir de tout ciroyen : il est donc implicitement dans l'essence, dans la Constitution, dans les devoirs de la République. C'est à la République à organiser le travail. Certes, ce n'est point ainsi que le comprenait le Gouvernement déchu. Vous rappelez-vous, citoyens, que le Président de la Chambre des députés, celui que le peuple coucha en joue le 24 Février, répondait aux pétitions de ce même peuple : Nous ne sommes pas ici pour donner de l'ouvrage aux ouvriers ; pendant que son orgueilleux maître, Guizot, disait à son tour : Le travail est un frein ; pendant que, d'un autre côté, la Chambre des pairs votait la loi sur les livrets, loi qu'ouvrier moi-même je combattais alors, ne me doutant pas que les ouvriers pour qui on faisait des lois, deux ans après et dans la même enceinte, en feraient eux-mêmes !

Que disent-ils, ces législateurs improvisés sortis des barricades ? Ce que dit toute la France, ce que disent tous les peuples qui gravitent vers elle : Organiser le travail. Je vais vous exprimer toute ma pensée sur cette question. La France compte autant de districts industriels qu'elle compte de départements ; et chaque département a autant d'intérêts opposés qu'il a de manufactures, de fabriques, d'ateliers. J'ajoute les intérêts du commerce, qui se combattent partout où ils se rencontrent. Ainsi, le champ de la production n'est qu'une arène de gladiateurs. Je demande si la République peut tolérer plus longtemps ce combat sacrilége ? Je demande si un peuple qui proclame la fraternité, peut laisser subsister davantage le principe de la concurrence, son ennemi, son antipode, sa négation ? Non, mille fois non. L'existence de la République française est incompatible avec le maintien de la concurrence. S'il en était autrement, nous verrions sur le sol régénéré de la France couler de nouvelles larmes ; et nos arbres de liberté périraient desséchés, sans laisser aucuns fruits.

Les anciens croyaient au destin, ils en subissaient la loi ; ils voyaient la fatalité partout. Nous trouvons les traces de cette croyance dans leurs tragédies. Iphigénie égorge tous les étrangers qui abordent en Tauride. Elle eût égorgé son frère. Il en est ainsi de la concurrence. Tous les liens sociaux se brisent à son aspect : famille, amis, maîtresse ou fiancée, tout fuit devant elle. La voilà, cette fatalité inexorable de la société moderne; voilà l'ennemi commun. Tous les producteurs s'abaissent sous son niveau, tous les hommes subissent sa loi; et quelle loi que celle qui oblige des citoyens d'une même patrie à se pressurer, se tromper, s'exploiter, jusqu'à ce que l'un soit ruiné, jusqu'à ce que l'autre tombe d'inanition!

On a peine à comprendre comment ce système a pu se maintenir si longtemps; on comprend moins encore qu'il trouve des défenseurs, et qu'on élève hautement la prétention de le continuer. J'en prends à témoin les martyrs de l'industrie, le maintien de la concurrence serait une calamité plus grande que le retour de la monarchie. Parce que le trône n'est plus aux Tuileries, croyez-vous la tyrannie éteinte; et ne voyez-vous pas qu'au-dessous de la royauté politique vous aviez, vous avez encore la royauté sociale? Appelez cela monopole, féodalité, oligarchie, le nom ne m'importe guère; je vois les faits, je signale la chose. Car voulez-vous savoir quelles sont les conséquences finales de la concurrence, conséquences dont nous voyons déjà la triste aurore?... L'appauvrissement général de la Nation, au profit du monopole; un peuple consommant d'autant moins qu'il produit davantage; des salaires diminuant à mesure que le travail augmente; les producteurs qui tissent la soie, le drap, les étoffes, vêtus d'une misérable blouse, tandis que la philanthropie de leurs maîtres, faisant litière du bien-être qui leur manque, expédie des vêtements aux nègres qui n'en ont pas besoin, et des cargaisons de canifs dans des pays où l'on ne sait pas écrire! Enfin, une avalanche de produits dont on ne sait que faire, car ceux qui les produisent ne peuvent les acheter. Telles sont les conséquences absurdes de la concurrence.

A qui se système profite-t-il, encore une fois? A quelques hommes, exploiteurs voilés, inconnus; parasistes hideux greffés sur le Gouvernement déchu, et dont la plupart sont atterrés ou en fuite, mais non vaincus, et qui viendraient de nouveau acclamer à nos luttes, si l'arène est ouverte encore. Ces hommes, ou plutôt ces vampires, ont sucé pendant 18 ans le sang de la France. Ils chantaient victoire le lendemain de la bataille de Waterloo. Ils se cachent aujourd'hui, semblables à ces oiseaux de proie qui habitent les dômes des forêts séculaires du nouveau Monde, qui ne descendent à terre que pour y chercher leur proie; et, quand ils la pressent dans leurs serres, ils remontent à tire d'aile au sommet de leurs grands arbres; et là, satisfaits et repus, ils ne voient plus la terre, parce qu'ils sont trop haut, qu'elle est trop bas, et qu'ils n'ont plus besoin d'elle.

Nous saperons l'arbre sur lequel ils reposent, et ils iront chercher un asile ailleurs, s'il est encore au monde un peuple disposé à subir le joug. Nous en doutons, car la République française illumine et fait trembler le monde. La France a parlé, toutes les nations agissent. Solidarité admirable! En travaillant pour nous, nous travaillons pour tous les peuples; et, toute réforme qui en France soulèverait des obstacles, nos frères de l'étranger abaissent ces obstacles en demandant pour eux les mêmes réformes. Je m'explique.

La République, en acceptant une situation donnée, accepte aussi tout le mal produit par un principe établi antérieurement et de nature opposée au sien. Ce principe, auquel nous déclarons ici la guerre, est plus ou moins vivace sur le continent européen, et est appliqué dans toute son étendue de l'autre côté du Détroit. Là règne le despotisme sauvage; ici domine le libéralisme constitutionnel, qui nous a tenus si longtemps en tutelle. Je veux parler du gouvernement britannique. Nous marchions dans la voie où il est si profondément engagé. L'Angleterre et son immense convoi de pauvres va toujours, mais la France ne tardera pas à l'arrêter. L'image de la République épouvante ses lords; mais ses travailleurs espèrent, et voilà tout un ordre social qui ressent la secousse imprimée au nôtre!

Le peuple anglais veut des réformes. Las de s'étioler et de mourir, il regarde avec amour le soleil de la liberté et s'abreuve de ses rayons. Liberté, Égalité, Fraternité! sainte devise du genre humain, sois aussi celle de ce pauvre peuple qui depuis un siècle arrose de ses sueurs abondantes le champ du travail. La France a versé son sang sur les champs de bataille; l'Angleterre, depuis la fin de nos luttes, a payé dans ses manufactures, ses ateliers, ses usines, le prix du sang que ses orgueilleux maîtres nous ont fait répandre en soulevant l'Europe contre nous. La sueur des travailleurs a payé le sang des soldats. Au nom de l'humanité, qu'il leur soit pardonné.

Je sais bien qu'un intérêt sordide pousse leurs marchands, et qu'un orgueil sans égal domine encore les lords, maîtres du sol anglais et des manufactures. Je sais bien qu'un vil appât les tente, et qu'ils ont plutôt l'amour de l'or que l'amour de l'humanité; mais néanmoins ils travaillent pour elle, et, tout en l'exploitant, ils la servent, en créant ce luxe matériel qui est une partie de la liberté. Que nos frères d'Angleterre, comme nos frères de tous les pays, profitent donc aussi eux des bienfaits de notre Révolution et des actes de la République française.

Un de ces premiers actes a été la réduction de la journée de travail. Cette réforme, émanation directe de l'esprit de fraternité, a été combattue par les économistes. Ils ont dit : Si vous diminuez la journée de travail, vous augmenterez la main-d'œuvre, vous élèverez le prix rémunérateur du produit. Pour ma part, je tiens plus à la santé du peuple, à sa moralité, à son bien-être, qu'aux théories si souvent impies des économistes; et je me dis que le produit est fait pour l'homme, et non l'homme pour le produit. Mais cependant je tiens compte des objections, et je dis : La société moderne invoque le droit, mais elle repose sur le fait. L'existence de tout un peuple dépend de ce fait; et, quelle que soit sa nature, il faut compter avec lui. Or, depuis un demi-siècle, la société est livrée à la concurrence et les travailleurs à l'exploitation du capital. Il en est résulté pour tous une position anormale, mais impérieuse et dont on ne peut sortir sans transition. Tout un monde est né de l'industrie; des populations immenses ont été agglomérées, appelées qu'elles étaient par le travail. On peut dire qu'elles sont nées du travail. Donc, en portant la hache dans le champ du travail, vous modifiez plus ou moins les relations de ceux qui le cultivent. Les produits et les hommes sont solidaires. En diminuant la main-d'œuvre, le produit augmente; et le bien que vous accordez à l'homme, est un mal que vous faites à l'industrie. La concurrence à l'étranger devient impossible, l'exportation cesse, les machines produisent moins, les bras s'arrêtent. Voilà ce que disent les économistes.

L'Angleterre l'avait bien compris, lorsqu'il y a quelques années ses manufacturiers vinrent déclarer à la Chambre des communes que la diminution d'une heure dans le travail des femmes et des enfants dans les manufactures, c'était leur ruine. Mais quelles raisons peuvent-ils opposer aujourd'hui ? Nous allons au-devant de leurs réformes. La journée est diminuée d'une heure; qu'ils en fassent autant, et les conditions seront les mêmes. Que cette lutte impie cesse; et que l'homme ait enfin la suprématie sur le produit. Ah! j'en appelle à la Providence, qui met l'esprit des révolutions dans l'âme des peuples, lorsqu'elle veut perdre leurs oppresseurs, l'Angleterre va devenir fraternelle, et de chaque côté du Détroit deux grands peuples s'émanciperont en se donnant la main.

Notre Révolution a donc cela d'admirable, qu'elle émane d'un principe adopté par le genre humain tout entier. Donc, une réforme apportée en France dans la politique, les finances ou l'industrie, devient une réforme possible chez les autres nations. L'égalité tend universellement à passer dans tous les faits de l'ordre social; et ce qui pourrait nous perdre si notre Révolution était moins large, nous donne un point d'appui chez nos frères de l'étranger. Je ne doute pas un seul instant que la journée de travail ne soit diminuée dans tous les ateliers européens. Que tous les producteurs dorment donc tranquilles sur leur bien-être prochain, et s'occupent au réveil des devoirs que leur impose cette position nouvelle. Le peuple doit s'instruire et apprendre à exercer ses droits. Je vois sur son front la couronne si longtemps flétrie de sa souveraineté. Cette couronne lui confère un sceptre; ce sceptre, c'est celui du travail.

Le peuple n'est pas souverain que de droit, il l'est aussi

de fait. Il ne suffit pas que son droit s'exerce en politique, il faut aussi qu'il s'applique en industrie. Donc, en organisant le travail, on organise la souveraineté nationale, on lui donne une âme et une forme pour penser et agir. Le Gouvernement provisoire a dit : Chaque citoyen est magistrat; je dirai : Chaque travailleur est fonctionnaire. Pourquoi? Parce que les producteurs doivent se classer hiérarchiquement dans l'ordre de leurs facultés natives et de leurs connaissances spéciales; parce que le travail doit avoir son administration comme la politique, et que la tête de cette administration, ce doit être l'État.

L'État peut seul organiser hiérarchiquement l'industrie; seul il peut assurer à chaque citoyen l'indépendance personnelle la plus complète dans l'exercice de ses fonctions. Qu'on s'imagine un grand atelier de mécanique. Là tout se lie, tout converge, tout s'associe. L'un alèse le cylindre que celui-ci a fondu, dont un autre a fait le modèle; tel s'occupe de la bielle, tel des tiroirs, tel des coussinets, etc. Si bien que tous concourent à la même œuvre, s'associent dans le même ouvrage, marchent vers un but commun. De là l'idée d'association, si développée chez les ouvriers des villes; de là cette solidarité des industries, et par conséquent de tous les travailleurs. Eh bien! l'État, c'est cet immense atelier dans lequel tous les travailleurs sont frères par le cœur, associés par la pensée, solidaires dans les travaux, unis dans un but commun : le bonheur de tous par chacun, de chacun pour tous.

Puisque j'ai parlé de la division du travail, je ne passerai pas sans en signaler le danger. J'admets la division du travail en principe, mais à condition d'en régler avec soin l'application. La division du travail est incompatible avec une longue journée; il n'y a que les ouvriers qui exécutent un objet tout entier, qui travaillent longtemps sans fatigue et avec plaisir. Ceux qui, au contraire, passent toute leur vie à confectionner des têtes d'épingle ou à faire des yeux en émail pour des poupées à ressort, ou à telle autre fonction spéciale, s'étiolent, s'atrophient, s'abrutissent. Il y a là un grand danger qu'il faut s'apprêter à combattre. Vous voyez pourquoi.

Je me rappelle avoir lu dans Diodore de Sicile, qu'un jour Alexandre rencontra dans l'Inde une colonie de soldats grecs qui avaient été faits prisonniers par les Perses. Ces pauvres gens étaient mutilés d'une manière affreuse. A l'un on avait coupé le nez, à l'autre les oreilles, à celui-ci les poignets ; à tous il manquait une ou plusieurs parties du corps. Eh bien ! l'industrie privée mutilerait pareillement les travailleurs, si on la laissait faire ; en les spécialisant, elle leur enlève une ou plusieurs facultés. Elle leur enlèverait jusqu'au sentiment de leur liberté. Encore 15 ans de ce régime, et, au lieu d'une génération d'hommes, nous n'aurions qu'une agrégation de machines, d'instruments, d'automates sans âme, sans cœur, sans énergie !..... Voilà le danger, mon devoir était de le signaler.

L'Assemblée nationale cherchera le remède. Elle le trouvera, car l'avenir est au travail. Les sociétés modernes doivent reposer sur le droit, si elles ne veulent pas avoir l'existence éphémère, souvent brillante, mais sacrilége, de la plupart des sociétés antiques basées sur la force, sur le fait, sur l'exploitation. Jetons un regard sur l'image encore si vive du monde païen ; image qui séduit la chair, mais qui attriste l'esprit. Partout la guerre, partout l'esclavage, partout un chœur de douleurs s'élevant parfois de l'âme d'un peuple entier mis dans les fers. Monde sacrilége, qui se couronnait de fleurs et en couronnait ses dieux ! Société qui n'avait qu'un mobile, le culte des sens. Le paganisme élevait des temples aux passions, élevons un asile à toutes les douleurs. Que dans cet asile toutes les douleurs s'éteignent ; que l'esprit et la chair se dualisent, et cessent leur guerre éternelle sur l'autel du travail.

Savez-vous comment cessera cette guerre, dont l'esclave dans l'antiquité, le prolétaire dans les temps modernes, faisaient les frais ? Elle cessera par l'emploi des machines. Les machines sont des instruments puissants de la démocratie. Accueillies avec défiance par le travailleur, elles seules cependant peuvent le sauver. S'il en est encore qui regrettent les esclaves que l'on rétribue ou ceux que l'on achète, qu'ils se consolent : les esclaves de la République, ce sont les machines ; esclaves de fer et de fonte, marchant sans se fatiguer, sans se plaindre, marchant toujours ; esclaves que jamais l'esprit de révolte n'agite, et qui ne troublent point le sommeil de ceux qui les possèdent. Ici cependant je fais une réserve.

Les travailleurs sont souvent animés d'une colère bien légitime contre les machines. Savez-vous pourquoi ? C'est que les machines sont au début des rivales, et non des auxiliaires ; et que, loin d'alléger la tâche de l'ouvrier, elles l'ont toujours augmentée. Les machines ont un résultat d'avenir que tous ne peuvent comprendre, parce que leur introduction déclasse des populations entières, qui s'en vont ensuite çà et là ballottées par la misère. Je réclame l'intervention du Gouvernement entre le travailleur et la machine. Quand l'existence de chaque citoyen sera assurée, sauvegardée, respectée par les institutions républicaines, l'industrie prendra un libre essor vers ces plages merveilleuses dont les découvertes récentes de nos inventeurs lèvent déjà le mystérieux voile !

Je voudrais marcher avec vous sur ces plages embaumées, tant j'y vois de bonheur, d'amour et d'harmonie. Plus tard, nous ferons cette excursion dans l'avenir. En attendant, qu'il me soit permis de vous ramener au passé par quelques réflexions.

On a cru longtemps que les premiers rois furent des guerriers : c'est une erreur. Les premiers rois furent des hommes qui avaient rendu service à leurs frères par des découvertes utiles, par des inventions dans les arts ou l'agriculture. Les armées industrielles dont nous parlons aujourd'hui comme d'une réalité prochaine, ont existé en Egypte et dans l'Inde. Quels étaient les chefs de ces armées ? Les chefs de l'esprit humain, les plus instruits et les meilleurs parmi les hommes.

Les producteurs furent les premiers rois. Les guerriers bientôt les asservirent. De nouveaux chefs furent proclamés au nom de la force, et reconnus sur le pavois des soldats. Dieu sait combien cette lutte entre les guerriers et les producteurs a duré ! Elle cesse aujourd'hui. L'avénement de la République, c'est l'avénement des producteurs ; et la force n'est plus à craindre, aujourd'hui qu'elle est intelligente et est tout entière dans les sciences, les lettres, les arts et l'industrie.

La force a passé des mains des guerriers dans les nôtres. Le droit s'est incarné dans nos cœurs. Notre esprit se retrempe chaque jour dans le feu éternel de l'espérance et du progrès. L'avenir est à nous. Formons donc un seul faisceau, pour défendre, maintenir et perpétuer la République; car la République, c'est la France entière dans l'âme de tous ses citoyens.

N'oublions pas que le monde nous regarde, et que l'humanité attend de nous la Constituante du droit, de la paix et du travail.

VIVE LA RÉPUBLIQUE!

Nantes, Imprimerie de M.me veuve Camille Mellinet. — 44,407.

www.ingramcontent.com/pod-product-compliance
Lightning Source LLC
LaVergne TN
LVHW020506230826
846091LV00008BA/3363
* 9 7 8 2 0 1 9 2 5 2 1 7 5 *